caillou[MD]

Mes amis de la garderie

Adaptation du dessin animé : Sarah Margaret Johanson
Illustrations : CINAR Animation / Adaptation d'Eric Sévigny

chouette
COOKIE JAR

C'est la première fois que Caillou va à la garderie.
Il est excité.
– Je ne veux pas y aller, maman. Je veux rester avec toi !
– Mais Caillou, dit maman, tu sais bien qu'il faut que j'aille travailler. Je suis certaine que tu vas bien t'amuser. Entends-tu ce que j'entends ?

C

Caillou entend des rires. Il est curieux de savoir ce qui se passe dans la garderie. Il suit maman à l'intérieur. Caillou jette un coup d'œil dans la pièce. Il voit des enfants qui jouent et aussi beaucoup de jouets.

– Bonjour, je m'appelle Anne, dit une dame vêtue d'une salopette rouge. Je m'occupe des enfants. Et toi, tu es Caillou, n'est-ce pas ?

Caché derrière sa maman, Caillou fait signe que oui de la tête. Il est très intimidé.

– Caillou, dit maman, je dois partir maintenant.

– Non ! Ne pars pas ! pleurniche Caillou. Je ne veux pas que tu partes !

Maman serre Caillou très fort dans ses bras et l'embrasse.

– Je vais revenir. Ne sois pas triste.

– Veux-tu que je te présente les amis ? demande Anne à Caillou.
Caillou fait signe que non. Il regarde autour de lui et aperçoit un jeu de construction. Il s'assoit et commence à jouer. Un grand garçon aux cheveux roux vient vers lui.
– Eh ! ce sont mes cubes ! s'écrie-t-il en arrachant les cubes des mains de Caillou.

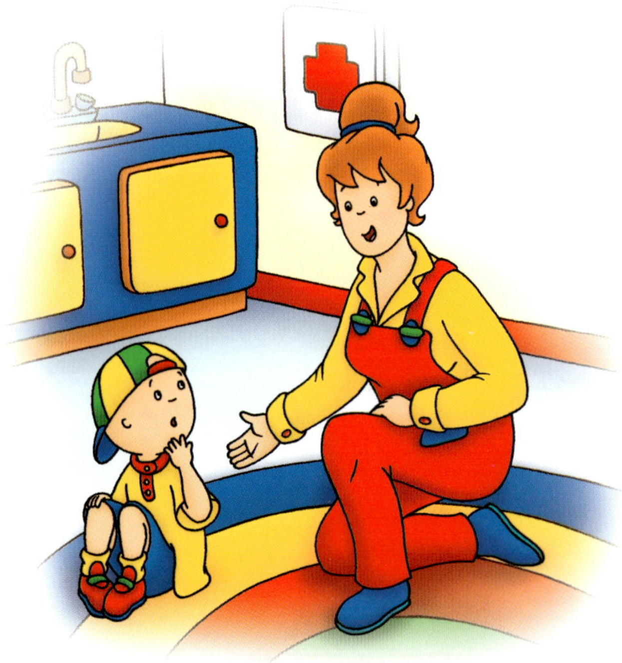

Une petite fille sourit à Caillou.
– Je m'appelle Clémentine, dit-elle. Et toi, comment t'appelles-tu ?
– Heu… Caillou.
– Lui, c'est Léo, ajoute Clémentine. Il n'aime pas partager. Veux-tu jouer avec moi ? Je fais des découpages.
Clémentine s'amuse à découper des formes dans du papier.

– Aimes-tu la garderie ? demande Clémentine.
– Je préfère aller chez mamie, répond Caillou.
– C'est elle qui te garde quand tes parents ne sont pas là ?
– Oui. Ma mamie est une artiste, explique Caillou. Chez elle, je peux faire de la peinture avec des pinceaux.
En entendant ces mots, Clémentine part en courant.

Clémentine revient les bras chargés de papiers, de pinceaux et de tubes de peinture.

– Nous avons tout ça ici ! dit-elle.

– Ouah ! s'exclame Caillou. Je veux peindre un rouge-gorge !

– Et moi, dit Clémentine, je vais découper ce que mange le rouge-gorge… Des vers !

Caillou et Clémentine commencent à peindre et à découper. Léo vient voir ce qu'ils font.
– Ça, c'est un rouge-gorge ! dit-il en voyant le dessin de Caillou. Tu peux me montrer comment on peint un rouge-gorge ?
– Avant, dit Clémentine, tu dois nous montrer comment on construit un château.
Léo repart.

Il revient en poussant un tas de cubes.
– Un château a beaucoup de tours, déclare Léo.
– Un ver, c'est tout tortillé ! dit Clémentine en découpant un autre ver.
– Et pour un rouge-gorge, il faut beaucoup de rouge ! explique Caillou à ses amis.

Les trois amis construisent le château ensemble.
Caillou tend une feuille de papier et des ciseaux à Léo.
– Tu peux faire le drapeau du château, propose Caillou.
– Il nous faut une tour plus haute, dit Clémentine.

Les parents de Caillou arrivent à la garderie.
Sa maman l'appelle :
– Caillou ! Caillou !
Mais Caillou s'amuse tellement qu'il ne l'entend pas.
Enfin, il voit maman et papa. Caillou leur annonce d'un ton joyeux :
– Je suis en train de construire un château avec mes amis !

Texte : adaptation par Sarah Margaret Johanson d'après la série d'animation CAILLOU produite par Divertissement Cookie Jar inc.
(© 1997 Productions CINAR (2004) inc., filiale de Divertissement Cookie Jar inc.).
Tous droits réservés.
Scénario original : Stephen Ashton
Épisode original n° 7 : Caillou à la garderie
Illustrations : tirées de la série télévisée CAILLOU
et adaptées par Eric Sévigny
Direction artistique : Monique Dupras

Catalogage avant publication de Bibliothèque et Archives nationales du Québec et Bibliothèque et Archives Canada

Johanson, Sarah Margaret, 1968-
Caillou : mes amis de la garderie
(Domino)
Traduction de : Caillou : my day care friends
Pour enfants de 3 ans et plus.

ISBN 978-2-89450-751-3

1. Garderies - Ouvrages pour la jeunesse. I. Sévigny, Éric. II. Titre. III. Titre : Mes amis de la garderie. IV. Collection : Domino (Montréal, Québec).

HQ778.5.J6314 2010 j362.71'2 C2009-941996-3

Dépôt légal : 2010

Nous reconnaissons l'aide financière du gouvernement du Canada (Programme d'aide au développement de l'industrie de l'édition (PADIÉ)) et du gouvernement du Québec (Programme de crédit d'impôt pour l'édition de livres (Gestion Sodec)) pour nos activités d'édition.

Imprimé en Chine
10 9 8 7 6 5 4 3 2 1